Carl Reissner

Klassizismus oder Materialismus?

Von einem Unbefangenen

Carl Reissner

Klassizismus oder Materialismus?
Von einem Unbefangenen

ISBN/EAN: 9783743360358

Hergestellt in Europa, USA, Kanada, Australien, Japan

Cover: Foto ©Thomas Meinert / pixelio.de

Manufactured and distributed by brebook publishing software (www.brebook.com)

Carl Reissner

Klassizismus oder Materialismus?

Klassizismus oder Materialismus?

Von

einem Unbefangenen.

Leipzig,
Verlag von Carl Reissner.
1886.

Es ist eine der auffallendsten Erscheinungen im modernen Geistesleben, dass das Altertum und die Wissenschaft des Altertums in der allgemeinen Schätzung und kulturellen Bedeutung allmählich in den Hintergrund gedrängt werden, während die Naturwissenschaften im allgemeinen langsam aber sicher an Terrain zunehmen. Diese Erscheinung ist nicht am lockersten verknüpft mit der im Oktober 1859 in Preussen stattgehabten Gründung der Realgymnasien; wenigstens ist ihr damals die erste offizielle Konzession gemacht worden. Im Zusammenhang mit diesem Vordringen der realen Fächer stehen in den jüngst vergangenen Dezennien die Bestrebungen, den Schulen, welche vorzugsweise die Realfächer betreiben, die gleiche Berechtigung einzuräumen, wie denjenigen Anstalten, welche bisher allein für den Unterricht der später Studierenden Sorge getragen hatten, ein Kampf, der bekanntlich noch nicht ausgefochten ist, vielmehr in jedem Jahr durch neue litterarische Erscheinungen,

Reden, Versammlungen und Resolutionen die pädagogischen Gemüter Deutschlands in andauernder Aufregung zu erhalten vermocht hat. Im Zusammenhang mit dieser antiklassischen Bewegung steht nun der überall vordringende Materialismus.

Indem wir die Thatsache der Berechtigungsverlangen als etwas Sekundäres betrachten, da sie nur als notwendiges Produkt der ganzen Bewegung erscheinen muss, dürfte es doch einmal verlohnen, alle diejenigen Gründe aufzuzählen, welche zu jenem Verdrängen des Klassizismus in der heutigen Welt Veranlassung waren, um dann nach Mitteln zu suchen, durch welche dem überhand nehmenden Materialismus gesteuert werden könnte.

I.

Zunächst werden wir, wie bei allen Erscheinungen kultureller Art, die Frage behandeln müssen, wie weit der Klassizismus selbst Schuld daran hatte, dass ihm der Boden unter den Füssen entzogen wurde, so dass von Jahr zu Jahr mehr Feinde den Kopf erhoben und ihn klein zu machen versuchten, woran sich dann erst die weitere Prüfung knüpfen wird, in welchem Umfang äussere Momente hinzugekommen sind und mitgewirkt haben, bei denen jener völlig unschuldig ist.

Es kann zunächst in keiner Weise geleugnet werden, dass der philologische Unterricht auf den Gymnasien, soweit wir den aus allen deutschen Ländern vernommenen Stimmen trauen dürfen, eine andauernde Verschlechterung erlitten hat. Mehrere Ursachen haben geholfen, diese Verschlechterung zu beschleunigen. Zuerst war es, wie manche behaupten, die Einführung des Normaletats in Preussen, welche auch weniger talentierte Leute, die vordem vielleicht irgend ein anderes Studium ergriffen haben würden, in Folge der Schnelligkeit und Sicherheit, mit welcher eine materiell annehmbare Stellung erreicht wurde, der Philologie und Altertumskunde in die Arme trieb. Dann kam in den 70er Jahren die ungeheure Überschwemmung mit Leuten, welche bei dem allgemeinen Darniederliegen des Handels und der Industrie die Theologie oder Philologie überhaupt als das bequemste Brodstudium betrachteten, wodurch — wie kein Unbefangener bestreiten wird — ein bedeutendes geistiges Proletariat den höheren Anstalten zugeführt wurde, und zwar ausnahmslos in allen deutschen Ländern und Provinzen, vielleicht mit Ausnahme von Elsass-Lothringen. Die einzelnen Regierungen kamen noch zu Hülfe, indem sie mehr und mehr, vielleicht um den Massensturm zu parieren, die Anforderungen steigerten, die für das Staatsexamen notwendig schienen, so dass das Studium fast überall sich von dem Boden der Wissenschaftlichkeit entfernte und mehr und mehr in ein Examensstudium sich verwandelt hat. Am deutlichsten war diese Erscheinung in Süddeutschland sichtbar, wo übrigens auch niemals in dem Masse das wissenschaftliche Studium der Philologie geblüht hatte, wie in Norddeutschland.

Es ist zweifellos, dass schon diese Momente völlig ausreichend gewesen sind, um eine Verschlechterung des philologischen Unterrichts auf den höheren Lehranstalten herbeizuführen, die für die Wissenschaft selbst verderblich, ja fast letal zu nennen war. Während fast bis in die Mitte dieses Jahrhunderts hinein der philologische Unterricht so anregend und fesselnd wirkte, dass ein grosser Teil aller der Männer, die sich einem anderen Studium widmeten, die Vorliebe für das Altertum beibehielten und in ihren Mussestunden Homer oder Horaz zu lesen gewöhnt waren, erfuhr diese Begeisterung allmählich eine solche Abkühlung, dass sie heute, wie keinem zweifelhaft sein kann, auf den Gefrierpunkt angelangt ist. Es giebt in der gegenwärtigen Zeit keinen Juristen oder Mediziner mehr, dem die Lektüre klassischer Autoren an das Herz gewachsen wäre; ja es ist sogar nur ein Bruchteil der Philologen selbst, der, sobald er in Amt und Würden gekommen ist, mit demselben Vergnügen in den litterarischen Erzeugnissen des Altertums schwelgt, mit dem vordem der Nichtphilologe an diese Schriftsteller heranging.

Die Klagen über die Ursachen dieser Erscheinung lauten fast überall gleich. Viele Lehrer vermögen es nicht mehr, in den oberen Klassen des Gymnasiums Begeisterung für die Antike beizubringen, und aus dem natürlichen Grunde, weil sie selbst keine haben, da sie mit der Wissenschaft nur in oberflächliche Berührung gekommen sind, und Examensvorbereitungen kein wissenschaftliches Feuer zu erzeugen vermögen. Die Interpretationen verlieren sich in Einzelheiten und Formerscheinungen, wobei das Ganze und der eigentliche Kern in den Hintergrund treten. Das Eindringen in den Geist des Altertums, welches der höchste Zweck des philologischen Unterrichts sein soll, kann auf solche Weise schwerlich erreicht werden. Selbst bei den Oden des Horaz wird gewöhnlich Formlehre getrieben, und bei der Lektüre einer griechischen Tragödie erfahren die Schüler nichts vom Bau des Dramas, von der Entwickelung oder dem Wert einer Tragödie, oder von ihrer Grundidee, oder gar von der Bedeutung des Chors, sondern viele Lehrer fragen, wie dies oder jenes in der attischen Prosa gelautet haben würde, und lassen bei der Erklärung sich die Formen der Bedingungssätze aufsagen. Ausserdem aber geht dadurch, dass man ein poetisches Stück als lexikales oder grammatisches Sammelwerk betrachtet, wo man bei jedem Wort Regeln und Ausnahmen behandeln könne, die Lektüre gewöhnlich so langsam vor sich, dass an vielen Gymnasien heute eine sophokleische Tragödie gar nicht zu Ende gelesen zu werden pflegt, fast alle Schüler aber überhaupt keine Vorstellung mehr und kein Verständnis von dem Wesen der antiken Poesie bekommen: man kann sagen, der philologische Geist ist vielfach unter der grammatischen Form zu Grunde gegangen.

Gehen wir nun zu den Realien des Altertums über, die zweifellos geeignet sind, auf jugendliche Gemüter grossen Eindruck zu machen, so bleiben diese fast überall in der Weise vom Unterricht ausgeschlossen, dass Niemand, der das Gymnasium verlässt, eine Ahnung von den Antiquitäten der verschiedenen Gebiete hat. Sie sind auch in einem offiziellen Lehrplan gar nicht angedeutet, so dass sie nur bei Gelegenheit der Lektüre von einem eifrigen Lehrer in betracht gezogen werden können.

So ist im allgemeinen heute die Beobachtung zu machen, dass die meisten, sobald sie ihr Abiturientenexamen gemacht haben, mit grosser Wonne die Philologie an den Nagel hängen und nicht die geringste Neigung verraten, ihr jemals wieder einige Aufmerksamkeit zu schenken, wie jener thüringische Kandidat der Theologie, der aus dem Examen kommend, auf seine hebräische Bibel klopfte mit den Worten: „Itze, Kimmichen, kimmst de in d' Stall."

Zu diesen überall beobachteten Unzuträglichkeiten kam noch hinzu die Abnahme in der Kenntnis des Griechischen überhaupt, die zum Teil entstanden durch die Einführung ganz ungenügender, wenn auch von einzelnen Autoritäten empfohlener, Schulgrammatiken, wie die von Curtius, allmählich jede Begeisterung für hellenisches Wesen und Kultur lahm legen musste.

Freilich wird auch ausserdem der begeistertste Philologe nicht leugnen können, dass der mit Notwendigkeit bedingte Weg, den die Entwickelung der philologischen Wissenschaft genommen hat, sich in zahlreichen Details zu verlieren, auch eine Einbusse an allgemeineren Gesichtspunkten herbeiführen musste. Dagegen ein wirksames Mittel anzugeben, ist ja sehr schwer, vielleicht unmöglich, es müsste denn an jeder Hochschule die Vorsorge getroffen werden, dass nicht ausschliesslich Spezialisten berufen werden, sondern dass die Philologie auch nach allgemeineren Gesichtspunkten gelehrt werden könne. Vor allen Dingen sollte man bei philologischen Professoren etwas weniger auf Hefte mit umfangreichen Litteraturangaben, und im allgemeinen weniger auf grosse Trockenheit, Verknöcherung, Geistlosigkeit, tote Gelehrsamkeit, Pedanterie und ähnliches sehen, als vielmehr auch auf eine gründliche ästhetische Bildung, welche das Altertum mit Geschmack und Geist zu behandeln versteht. Gerade der Mangel daran macht sich ebenso auf den Hochschulen, wie selbstverständlich dann bei den auf ihnen unterrichteten Lehrern der Gymnasien in unangenehmer Weise fühlbar.

Dazu kam noch seit 1867 in Preussen und den ihm folgenden Lehranstalten ein besonderes Moment, welches auf die Pflege der klassischen Philologie sehr ungünstig eingewirkt hat, das Hinzutreten und Betonen des germanistischen Studiums beim Staatsexamen. Wir erinnern daran, dass dieser ungesunde Zustand seit kurzem durch eine sehr weise Verfügung des preussischen Kultusministers wieder sein Ende erreicht hat, der, wie man weiss, damals nur durch einige mit dem Ministerium bekannte germanistische Heisssporne seine Steigerung erhalten hatte. Aber während fast zweier

Dezennieen haben die bei dem steten Anwachsen der philologischen Gebiete schon ohnedies arg belasteten Philologen sich auch mit der Germanistik beschäftigen müssen, und wir brauchen nicht auseinanderzusetzen, welche lebensunfähige und kulturell nichtige Litteratur dabei bis in die Details gewöhnlich studiert werden musste. War es doch gerade die unfruchtbarste Litteraturperiode, auf welche der grösste Fleiss verwandt werden musste — Otfried und Heliant (man denke an die hundert Oberlehrerarbeiten über Otfried). Gerade die germanistischen Professoren sind aber besonders in Preussen nicht nur in ihren Anforderungen sehr überspannt gewesen, sondern die meisten Fälle, die über den Cynismus und der Intoleranz einzelner Professoren beim Examen, ihrem Hörzwang, ihrer Geldgier u. s. w. bekannt geworden sind, beziehen sich überwiegend auf germanistische Professoren, die damals mit aller Gewalt ihre Waare unter die Leute bringen wollten. Es ist sicher, dass durch das Indenvordergrundtreten der Germanistik beim Staatsexamen die klassische Philologie eine erhebliche Einbusse erlitten hat, und um so mehr erleiden musste, je weniger man von oben irgend eine Schonung oder Modifizierung durchzusetzen vermochte, und je weniger es bei den Anforderungen den mit Durchschnittsbeanlagung versehenen möglich wurde, die höchste Fakultas in der klassischen und germanistischen Philologie zu erreichen.

Aber auch ein pädagogisches Moment darf bei dem Niedergang der Philologie nicht unerwähnt bleiben, das gewöhnlich zu gering angeschlagen wird. Das grosse öffentliche Leben der Gegenwart, das allgemeine Heraustreten aus dem Hause und aus der Familie in fast allen Kreisen der Gesellschaft hat auch seine verhängnisvolle Wirkung auf das höhere Schulwesen ausgeübt. Die Schüler traten auch mehr heraus, und es ist nicht nötig, an die Schülerverbindungen zu erinnern, die aller Orten waren, und gegen die streng eingeschritten wurde, wenn sie auch keineswegs damit für immer aus der Welt geschafft worden sind. Überall treten die Schüler der oberen Klassen mehr hervor als früher. Tanzstunden und Ballkränzchen müssen Unterhaltung schaffen, und sogar ein Besuch anständiger Wirtshäuser gehört nicht an allen Orten zu den verbotenen Dingen. In manchen Städten erscheinen selbst Untertertianer auf einem öffentlichen Balle, und an andern gehören Primanerbälle zu den gewöhnlichen Vergnügungen der Wintersaison. Wieder an andern treten die älteren Schüler genau wie Studenten auf. Nun ist aber klar, dass kein Studium so viel Ruhe, Vertiefung, innere Sammlung und Versenkung erfordert, als die klassische Philologie. Man denke an seine ersten Homerpräparationen auf der Schule und die Stunden und Stunden, die diese, wenn sie gewissenhaft gemacht waren, erforderten. Freilich wird ein grosser Teil dieser früheren Arbeiten heute schon durch den Missbrauch der zahlreichen Speziallexika aufgehoben. Wenn nun aber noch weiter die Ruhe geraubt wird und der Fleiss abhanden kommt, die zur

Einführung in das Altertum absolut notwendig sind, so können auch keine Resultate herauskommen, und die Begeisterung für die Antike muss verloren gehen, für die nicht mehr der nötige Zeitaufwand im Hause vorhanden ist.

Endlich darf auch ein letztes Moment bei dem Niedergang der klassischen Richtung nicht übergangen werden. Die Metropole Preussens, die später Reichshauptstadt geworden ist, hatte seit mehreren Dezennien die ersten Sterne der medizinisch-naturwissenschaftlichen Fächer zu vereinigen gewusst, welche dort an der vielbesuchten Hochschule in der unmittelbaren Nähe des Ministeriums und des Hofes in der fruchtbringendsten Weise wirken konnten: es genügt zu erinnern an Virchow, Langenbeck, Frerichs, Traube, Dubois-Reymond, Dove, Helmholtz, Kirchhoff, Kronecker, Weierstrass u. a., von denen der Samen fruchtbringend und radienartig über die deutschen Gefilde zerstreut wurde. In der Philologie dozierte ein so bedeutender, aber nicht besonders produktiver Gelehrter, wie Moritz Haupt in Berlin und schleuderte seine oftmals ganz ungerechtfertigten, noch öfters sehr groben Angriffe gegen anders denkende Philologen Deutschlands, während gleichzeitig die bahnbrechende philologische Schule, welche fast ganz Deutschland mit guten Gymnasiallehrern versorgte, in Bonn, später in Leipzig sich befand. Von den Berliner Professoren waren es nach Boeckh's Tode zunächst nur Theodor Mommsen, der überwiegend Historiker ist, später auch

Ernst Curtius, der mehr Archäologe ist, die zu einer intimeren Fühlung mit der gebildeten Menge kamen und eine allgemeinere fruchtbare Thätigkeit ausübten; von den eigentlichen Philologen gelang dies keinem, aus Gründen, die hier nicht erörtert werden sollen. Es ist aber bezeichnend, dass die deutsche Hauptstadt schon zum dritten Mal sich Philologen aus Wien geholt hat, und vermutlich wird dies noch ein viertes Mal geschehen (ohne dass wir den verehrten Gelehrten nahe treten wollen). Dies sieht bedeutend nach Stiefmütterlichkeit, Vereinseitigung und Clique aus. Vielleicht hängt dieser Zustand der Dinge mit den eigentümlichen Verhältnissen der preussischen Akademie zusammen, denen entsprechend auch einigen Gelehrten ersten Ranges nicht vergönnt war, Mitglieder derselben zu werden, trotzdem manchen zweiten, dritten und vierten Ranges dies gelungen ist; vielleicht aber wird auch daran erinnert werden müssen, dass es nach dem Tode von Moritz Haupt und Carl Lehrs unter den heutigen Epigonen überhaupt keine Philologen ersten Ranges mehr giebt. In jedem Fall ist der philologische Einfluss Berlins (abgesehen von Epigraphik) auf Deutschland in dauernder, sehr fühlbarer Abnahme begriffen.

Diesen Verhältnissen trat nun entgegen die von Jahr zu Jahr an Bedeutung und Pflege zunehmende Naturwissenschaft, die gekrönt wurde durch die Erfindung neuer und vollendeter Methoden fast auf allen ihren Gebieten und begleitet war von zahlreichen

Reformen im Verkehrs- und Industriewesen. In diesen letzten Jahrzehnten nämlich hatten die Naturwissenschaften folgende Triumphe aufzuführen: die Vervollkommnung des Augenspiegels, den Ausbau der pathologischen Anatomie, die Antisepsis mit der Listerschen Verbandmethode und die Anwendung des Tourniquet (Blutentziehung in einem Körperteil), die Anwendung des Sublimat und Kokain, die Arthokleisis von Albert, die vollendeten Methoden der Tracheotomie, der Larynkoskopie und Magenresektion, die Lehre von den mikroskopischen Pilzen und den Infektionskrankheiten, die durch die Mikroskopie ermöglichte vergleichende Entwickelungslehre, die Descendenztheorie, die Abzweigung der Histologie als ein besonderes Gebiet, die Entwickelung des elektrischen Lichts und die Vervollkommnung des Telegraphenwesens. Auf dem Gebiete der Chemie waren bedeutungsvoll die Entdeckungen von Alizarin, Alinin, Salicyl, neuerdings die Ausscheidung von Chinin (Alkaloid noch nicht fruchtbringend ausgebeutet) und die Auffindung zahlreicher andrer chemischer Stoffe. Auch die Astronomie hatte durch Bessel und Argelander epochemachende Fortschritte zu machen verstanden und war dadurch in die Lage gekommen, sich dauernd die Gunst der grossen Menge zu erwerben, wozu allerdings einige bemerkenswerte Vorkommnisse in unserem Planetensystem, besonders der Venusdurchgang und das Beobachten der Sonnennebelflecke, nicht wenig beitrugen.

Im Vergleich mit diesen Leistungen trat beispielsweise die klassische Philologie in diesen Jahrzehnten auf mit einer Befestigung der Handschriftenkritik für die Herstellung der alten Texte, mit der Entwickelung und Vollendung der epigraphischen Wissenschaft, einer neuen durch Ausgrabungen und Funde entstandenen Anregung zu archäologischen Studien, einer Weiterentwickelung der vergleichenden Sprachwissenschaft, während sie gleichzeitig auf einzelnen Gebieten Unterstützung fand durch die Assyriologie, welche seit kurzem einen bedeutenden Aufschwung gewonnen hat. In der Mythologie dagegen ist die kritisch-historische Richtung fast ganz verdrängt worden durch ein phantastisches Abenteuern, das letzte Stadium der symbolisch-allegorischen Gewaltthätigkeitsmethode, welches ebenso mit ungewissen und unbekannten Etyma umspringt, wie historische Thatsachen umdreht oder verletzt. Selbst der oberflächlichste Kritiker wird aus dieser Zusammenstellung auf ein Schwergewicht für die Naturwissenschaften schliessen müssen.

Dann kam aber bei der Behandlung der naturwissenschaftlichen Fächer ein Moment hinzu, welches nicht am unwesentlichsten dazu beigetragen hat, den Naturwissenschaften einen günstigen Boden zu bereiten — die populäre Darstellungsweise. Als die Altertumswissenschaft in der ersten Hälfte dieses Jahrhunderts einer bedeutenden Blüte entgegengereift war, vermochten die gelehrten, aber abgeschlossenen und vornehmen Philologen G. Hermann, Ch. Lobeck und August Boeckh (denn J. Bekker lebte in einer ziemlich einseitigen Thätigkeit) nichts von ihren grossen Arbeiten und ihren neuen Gesichtspunkten der Menge mitzuteilen; bei Karl Lachmann dagegen gelang es nur der Nibelungentheorie auf allgemeineres Verständnis zu stossen. Teils schrieben die genannten Gelehrten überhaupt nur lateinisch, was, wie so vieles andre, nur als ein Rest mittelalterlicher Pedanterie aufzufassen ist, teils gab es damals keine Journale, welche eine Popularisierung ihrer Stoffe selbst in der Muttersprache aufgenommen haben würden.

Ganz anders war es beim Aufkommen der Naturwissenschaften. Sie erreichten sofort die deutsche Sprache als die Sprache ihrer Wissenschaft, veränderten kühn den bisherigen Modus der Doktorarbeiten und Disputationen, und wurden dadurch von treibendem Einfluss auch auf die Fächer der Altertumskunde, so dass ein hervorragender Königsberger Philologe, der schon genannte Professor Carl Lehrs, öffentlich die lateinische Sprache für seine Fächer in die Acht erklären durfte.*) Dann aber wuchsen gleichzeitig die deutschen Unterhaltungsjournale wie Pilze aus dem Boden und fahndeten mit Begierde nach den Darstellungen dieser neu sich entwickelnden Wissenschaften, die alle Welt beschäftigen. So entstand die populäre Behandlung der Naturwissenschaften und der Medizin

---

*) Lehrs, Aristarch, 2. Aufl. Vorwort: *partim nova, omnia ea lingua scripta, qua jam talia scribi non decet modo, sed maxime necesse est, qua jam magno litterarum nostrarum emolumento talia ab omnibus scribuntur, nisi qui coacti scribunt.*

in den Journalen (man denke an den Gartenlauben-Bock, heute an Niemeyer), freilich nicht selten zum Schaden der Wissenschaft (die heute sogar mit dieser Richtung teilweise in offenem Kampf liegt) und sehr oft zum Schaden des deutschen Stils in der deutschen Sprache. Dann kamen die populären Bücher und Brochüren, welche zu vielen Tausenden über das Land verbreitet wurden, dann die Wandervorträge (Carl Vogt u. a.), zuletzt die regelmässigen populären Artikel in den hervorragendsten Zeitungen, besonders in den Berlinern und Wienern. Endlich wirkten die Apostel des Darwinismus auf die begierig empfangende und zum Bruch mit der biblischen Überlieferung längst vorbereitete Menge, besonders Häckel, durch ihre populär aber salopp geschriebenen Bücher. Der Embryo — oder die rote Eidechse oder das Infusionstier — waren der Mittelpunkt dieses neuen Mikrokosmos geworden. In der Altertumswissenschaft vermochten erst die glänzenden Funde von Troja, Pergamon und Olympia die Aufmerksamkeit der Gebildeten wieder einmal auf sich zu ziehen, indem sie teils, und wohl in den meisten Fällen, die Neugierde befriedigten, teils wirkliches Interesse zu erregen vermochten.

Fürwahr, wäre die Kultur des Altertums in ihrer höchsten Blüte gewesen, so wäre der Kampf mit diesem täglich anwachsenden Riesen ein sehr bedenklicher geworden. Nun aber hatte der eine Gegner vielleicht die grösste Schwäche erreicht, die er überhaupt seit Jahrhunderten gezeigt hat, was Wunder, dass die Scharen der Realisten, der Verächter und Bekämpfer des Humanismus lawinenartig wuchsen, dass selbst aus den Reihen ehemaliger Verfechter des Klassizismus sich Überläufer fanden und wenigstens einen Teil ihrer Bastionen aufzugeben sich bereit erklärten, ja dass die Angelegenheit zu einer Parteisache aufgebauscht wurde und der Liberalismus sich ohne weiteres zum Verteidiger der realistischen Sache mit Konsequenz aufwarf? Es ist bezeichnend, dass allen Ernstes die Frage erwogen werden konnte, ob nicht die griechische Sprache vom Gymnasium ganz auszuschliessen wäre, ja dass neuerdings Gymnasial-Direktoren sich nicht entblödet haben, zu behaupten, dass Realschulabiturienten, die kein Griechisch gelernt haben, auch klassische Philologie studieren könnten. Die Modifizierung des Griechischen auf den preussischen Gymnasien war ein bedauernswertes Symptom dieser verhängnisvollen Geistesströmung, und einer der unklarsten Politiker jener Zeit (Lasker) hat für Ausschliessung desselben vom Unterricht in einem öffentlichen Vortrag gesprochen.*)

Auch die Regierungen traten diesem neuen Kulturobjekt mit grosser Galanterie entgegen, wie einer eben erblühenden Schönen im Gegensatz zu der schon ge-

---

*) Sehr instruktiv ist z. B. auch das Urteil Zeitschr. für höh. Unterrichtswesen 1886 n. 4 s. 29: „Und dann das Griechische, mit dem man im praktischen Leben im Kampfe ums Dasein keinen Hund hinter dem Ofen hervorlockt, es sei denn, dass er Phylax heisst". Derartige Bluten treibt der Kulturkampf in der Unterrichtsfrage!!

setzteren und Abstumpfung bewirkenden Matrone der Philologie. Die Forderungen der medizinischen Fakultäten in betreff der Anzahl und Art der Vorlesungen (wodurch die medizinischen Studenten auf der Hochschule gegenwärtig keine allgemeine Bildung mehr erhalten können), wurden ebenso erfüllt, wie das Verlangen nach kostspieligen Krankenhäusern, Instituten, Laboratorien, Treibhäusern u. ähnl. überall gestillt worden ist. Je mehr die Regierungen gaben, desto dreister wurde man, und das Siegesbewusstsein der Naturforscher datiert nicht zum wenigsten von diesen ersten unbeanstandeten Konzessionen, von denen gewöhnlich nur die Krankenhäuser in allen Fällen eine durchaus notwendige Reformierung beanspruchen durften. Im Laufe weniger Jahre waren die sämtlichen Hochschulen Deutschlands mit einem Kranz von Staatsinstituten umgeben, der mit der Errichtung des Universitätsgebäudes und der Institute in Strassburg seine höchste Vollendung erreichte. Der Hochdruck der naturwissenschaftlichen Fächer wurde noch dadurch erhöht, dass die gleichen Realien auf den technischen Hochschulen wieder eine gleich hervorragende Pflege bekamen, so dass sie gleichsam eine doppelte Wartung erhielten. Bei den Volksvertretern und der grossen Menge war es leicht dafür einzutreten, seitdem besonders die zahlreichen oben angeführten Entdeckungen in der Chemie nicht nur durch die patentierte Herstellung ein grosses Kapital in das Land brachten, sondern auch die industriellen und merkantilen Zwecke wesentlich unterstützen halfen. Die Altertumskunde erhielt in derselben Zeit nur die Pflege eines kleinen, für eigentliche Kulturzwecke am wenigsten bedeutenden Gebiets, der Archäologie, und wohl hauptsächlich, weil ihre Gönner sich in den allerhöchsten Kreisen fanden. Für die Erziehungsfrage der Gegenwart hat diese Thatsache aber nur eine sehr geringe Bedeutung. Auf einzelnen Hochschulen dagegen wurden selbst Schränke nicht bewilligt, in denen Tafeln, Inschriftenwerke u. s. w. verwahrt werden konnten, die in den Vorlesungen gebraucht wurden, während Jahr aus Jahr ein kostspielige Treibhäuser entstanden, und jeder neu berufene Professor eine andere Gestalt derselben haben wollte.

In diesen Entdeckungen selbst aber lag schon das zweite Moment, welches den Niedergang des Klassizismus beschleunigen half, da sie jenes Gift involviert enthielten, durch welches jener fundamentale Umschwung im heutigen Geistesleben erzeugt worden ist, — das Geld und den damit eng verbundenen Materialismus. In der That hat der Materialismus durch die für Geld arbeitenden und darauf im wesentlichen ausgehenden Kreise der Mediziner und zahlreicher Naturforscher eine erhebliche Förderung erhalten. Freilich dürfen wir wohl gestehen, dass der Betrieb der Medizin mit ihrer für Koryphäen oder begabte Praktiker so ungeheuer, z. B. im Gegensatz zum Philologen oder Juristen, erleichterten Erwerbsthätigkeit und der Möglichkeit eines sehr schnellen Reichwerdens von vorne herein eine bedeutende Gefahr für jeden Idealismus und überhaupt jede unmaterielle Geistesrichtung enthielt. Der seit dem deutsch-französischen Krieg überall angewachsene Reichtum hat diese Gefahr noch ausserordentlich vergrössert, und wir stehen nicht an, von dort aus den allerschlimmsten Einfluss auf unser ganzes Geistes- und Kulturleben zu prognostizieren. Denn fast alle Regierungen Deutschlands haben in unverantwortlicher Weise geschehen lassen, dass ein Teil der medizinischen Professuren in Synekuren verwandelt worden ist, deren Inhaber den praktischen Aerzten Konkurrenz machen, ihr Amt hintenansetzen und durch fürstliche Einnahmen einen ungesunden Ton in die Gelehrtenverhältnisse hineinbringen. Würde nun aber dieser mit jener Bereicherungsmöglichkeit eng zusammenhängende Materialismus auf die Fächer der Medizin und Naturwissenschaften beschränkt bleiben, so wäre für das Allgemeine noch keine Gefahr vorhanden. Aber leider ist es eine bekannte Erfahrung bei diesen geistigen Bewegungen, dass sie niemals auf gewisse Kreise beschränkt bleiben, sondern weiter fressend alles ergreifen und vieles zerstören. Und so ist es auch mit dem Materialismus gegangen. Nachdem er in den letzten Jahrzehnten die gute Gesellschaft, die Börsenwelt, die Kaufmannswelt, Militärwelt u. s. w. ergriffen hatte, ist von ihm derjenige Stand zuletzt erfasst worden, der am sichersten gegen ihn gefeit zu sein schien, der Professorenstand, und in diesem sind alle Fakultäten von ihm infiziert worden, mit Ausnahme einer einzigen — der theologischen; und man mag über die theologische Wissenschaft urteilen, wie man will, man wird nicht leugnen können, dass sie heute das festeste Bollwerk gegen den Materialismus bildet. Von den naturwissenschaftlichen Fächern ausgehend, wo er besonders durch den Darwinismus und seine Anhänger die kräftigste Unterstützung erhielt (denn die darwinistischen, oder richtiger gesagt, die darwinisierenden Botaniker und Zoologen sind die grössten Gegner der klassischen Bildung), ist dieser letztere heute bei der philosophischen Fakultät stehen geblieben, und selbst sehr namhafte Vertreter des klassischen Altertums sind, wie die Kollegen der anderen Fakultäten, in diesen Strudel hineingerissen worden und sind berüchtigt worden wegen ihres Geizes, ihrer Unduldsamkeit und ihrer schmutzigen Stellung zu den Examina. Ein grosser Teil der Professoren aber heiratet reiche, teilweise sehr reiche Frauen, fast alle leben, besonders auf kleinen Universitäten, in einem fortgesetzten Gesellschaftsstrudel, wobei viele mit den Leistungen von Börsenmännern konkurrieren, und die Examina werden an manchen Hochschulen nur als eine Quelle der Bereicherung angesehen, welche von unheilvollem Einfluss auf die Qualität der Zugelassenen geworden ist. Die Folgen jener Lebensweise sind Trägheit und Unfähigkeit; wirklich bedeutende Arbeiten gehören zu den seltenen Ausnahmen. Auch der Nepotismus hat mit dem zunehmenden Materialismus seinen fröhlichen Einzug gehalten und blüht gegenwärtig am meisten auf den deutschen Hochschulen: Schwiegerväter suchen ohne Rücksicht auf die Qualität ihre Schwiegersöhne unterzubringen, und fast alle Universitäten Deutschlands sind mit unfähigen Professorensöhnen überschwemmt, ja es giebt keine deutsche Universität mehr, die nicht wenigstens einen mit Unrecht bevorzugt gewesenen Professorensohn als Lehrer hat. An einzelnen deutschen Hochschulen, die sich durch Cliquenmacherei auszeichnen, ist das herrschende Professorentum eine Gesellschaft, die ziemlich weit entfernt ist von echtem wissenschaftlichen Streben. Einen Teil der Professoren interessiert beim Unterricht nur die Geldfrage, und die an kleinen Universitäten bei Beginn des Semesters angestellten Enqueten über Zuhörerzahl gehen ausschliesslich von diesem Gesichtspunkt aus. Die anwachsende Höhe der Honorare, die trotz mannigfacher Anstürme in keiner Weise vom Staate modifiziert wird oder eine veränderte und mehr mit Gerechtigkeit verbundene Form erhalten hat, verschafft zahlreichen deutschen Professoren, besonders an grösseren Universitäten und in gewissen Fächern, vorzugsweise in den medizinischen und naturwissenschaftlichen, die ansehnlichsten Einnahmen und Vermögen, so dass nicht wenige akademische Lehrer fast fürstlich situiert erscheinen.

In dieser Sphäre der Weltlichkeit und des Gelderwerbs ist für den Idealismus kein Raum mehr gegeblieben. Es war der Lage der Dinge entsprechend, dass, abgesehen von den ganz unberührt gebliebenen Theologen, die Vertreter der Altertumswissenschaft zuletzt vom Materialismus ergriffen wurden, denn die

Antike mit ihrer Einfachheit, ihren reinen Flammen der Begeisterung, ihrer Bevorzugung des Wahren, Schönen und Guten, vermochte einige Zeit hindurch noch ein starkes Gegengewicht gegen die andrängende Trostlosigkeit des Materialismus zu bilden, bis auch sie zum Opfer fiel und von dem allbeherrschenden Mammon unterworfen wurde.

Es ist für Eingeweihtere nicht nötig, Personen oder Thatsachen zu erwähnen, welche eine Illustration zu dieser Behauptung bilden könnten. Wir wollen auch nicht nachweisen, bei wie vielen Professoren das Geld allein das Sprungbrett zur Professur war. Es ist auch nicht einmal nötig, daran zu erinnern, wie nicht wenige und hervorragende Vertreter der klassischen Philologie sich heute durch Eitelkeit — den alten Schulmeisterfehler —, durch Rücksichtslosigkeit und Brotneid gegen Dozenten, durch Unduldsamkeit gegen anders denkende Kollegen oder Mitforscher, durch Cliquenwesen, wo immer jeder Führer — der nach zwei Dezennien vergessen ist — sich für unsterblich hält, und endlich durch unmanierliche, von Neid diktierte, Rezensionen auszeichnen, um den Schluss daraus zu ziehen, dass in solchen Kreisen, welche früher an der Spitze der Zivilisation standen, heut keine Spur von Idealismus mehr gefunden wird. Idealismus und Ungeschliffenheit haben neben einander keinen Raum. Man wird aber begreiflich finden, dass von solchen Lehrern auch keine idealistische Anschauung auf die Schüler übertragen werden kann, so dass sich daraus mit Notwendigkeit ergiebt, dass die Quellen zu versiegen angefangen haben, aus denen früher stets ein frischer Strahl von Idealismus sprudelte, so dass das Bedürfnis nach Idealismus dadurch gedeckt werden konnte. Es ist sicher, dass jedes weitere Dezennium auf diesem Wege noch mehr jede idealistische Regung verlieren muss. Die Versimpelung der Hochschulen, das Aufgehen in thörichtem Firlefanz, wie beim Leben der heutigen Corps (P—scheitel, Frisur, Kneifer, Bartwichse, Hund, Renomage, Gardeton, Bummelei) oder in verderblicher Tagespolitik ist die unbezweifelte Wirkung dieser dem Idealismus feindlichen Strömung. Es wird demgemäss als traurige Thatsache zu verzeichnen sein, dass die deutschen Hochschulen heutzutage im wesentlichen die Träger und Verbreiter des Materialismus sind.

Als ein Hauptsymptom dieser im Geistesleben vorherrschenden materiellen Richtung ist nun aufzufassen der Untergang der Form, der als eine notwendige Folge von dem Zurücktreten der Antike zu betrachten ist, denn das Wesen der Antike ist nicht denkbar ohne Rücksichten auf die Form und ohne eine gewisse Formvollendung. Wo aber zeigt sich bei dem denkenden Menschen die Form und die Rücksicht auf die Form unmittelbarer, als bei dem Stil, den er schreibt? Es ist daher kein Zufall, dass Mediziner und Naturforscher, ganz besonders aber Chemiker, unter allen Gelehrten am schlechtesten schreiben können. Ja, mancher bessere Journalist würde wohl von einem panischen Schrecken ergriffen werden, wenn er einmal in die chemischen Journale hineinsehen und das geniessen könnte, was jene Gelehrte (und leider, wie es scheint, die Redaktionen auch) als Stil auszugeben pflegen, und mancher Lehrer wird in solch einem Stück Zeile für Zeile seine grossen Balken an den Rand zu setzen gezwungen sein. Selbst von sehr berühmten Männern besitzen wir Bücher, bei denen Satz für Satz der Blaustift seine Pflicht erfüllen müsste, um nur teilweise eine Lesbarkeit herzustellen. Und nun wagt ein berühmter medizinischer Professor*) öffentlich zu behaupten, dass die Gymnasialbildung nicht ausreiche, um „die Fähigkeit zu erzeugen, seinen Gedanken auch durch den Zeichenstift einen einigermassen genügenden Ausdruck zu geben", dass „nur wenige fähig sind, die sinnlichen Eindrücke gut und schnell aufzufassen, klar zu beurteilen und folgerichtig wiederzugeben", d. h. dass man zu Realbildung greifen müsse. Etwas Derartiges kann nur ein deutscher Professor behaupten. Also das alles würde die Realschulbildung besser machen? Die Realschulabiturienten schreiben richtiger und stilisieren besser? Fürwahr, es ist hohe Zeit, dass Männer, welche noch niemals einen Abiturientenaufsatz von einer Realschule und einem Gymnasium verglichen haben, nicht die Öffentlichkeit mit solchen phantastischen Behauptungen erregen. Man soll nur erst Mediziner und Naturforscher sämtlich von der Realschule abgehen lassen, dann werden wir in Deutschland etwas

---

*) Professor Esmarch in seinem Brief an den Realschuldirektor Krumme; vgl. Zeitschrift f. höheres Unterrichtswesen 1886 n. 3.

ganz anderes erleben. Dann werden noch die Artikel sehr untergeordneter Zeitungsreporter, was den Stil anbetrifft, vielleicht noch über jenen wissenschaftlichen Aufsätzen stehen. Und jeder Naturforscher wird vielleicht einen Korrektor neben sich haben müssen, der ihm Satz für Satz die Fehler herauskorrigiert. Wohl im Zusammenhang mit dem Aufhören der Form steht der allmähliche Niedergang des Schönschreibens, denn wer keine durchsichtige Sprache mehr hat, besitzt auch keine deutliche Schrift. Eine lesbare Handschrift findet man heute nur noch bei Kaufleuten. Beamte und Gelehrte pflegen die allerabenteuerlichsten Handschriften zu besitzen, von denen man nicht begreift, dass sie wirklich das Resultat eines Schreibunterrichtes sind. Viele scheinen sogar einen Stolz darein zu setzen, so undeutlich wie möglich zu schreiben. Auch hier scheint die abstrahierende Methode ein viel zu geringes Gewicht auf die Ausbildung einer deutlichen Handschrift zu legen, trotzdem in den unteren Klassen der höheren Lehranstalten Deutschlands Kapitalien für Schreibhefte ausgegeben zu werden pflegen. Hoffentlich wird aber die vor kurzem erfolgte energische Note unsres Reichskanzlers hier eine Veränderung zu bewirken imstande sein.

Bei dieser Gelegenheit scheint es zweckmässig, auch an den absolut ungenügenden Zeichenunterricht zu erinnern, der gewiss auch eine Ursache der überhandnehmenden Stillosigkeit und Geschmackslosigkeit in Deutschland ist, denn es scheint von grösster

Bedeutung zu sein, dass jemand von Jugend auf Sinn für das sinnlich Schöne und Richtige bekommt. Die Zeiten sind eben längst gewesen, wo es zum Ruhm angerechnet wurde, gut schreiben und zeichnen zu können.

Eine weitere Folge des zunehmenden Materialismus ist der Mangel der allgemeinen Bildung. Nun ist ja freilich die Definition, was heutzutage allgemeine Bildung sei, ungemein schwer, da die ganze gebildete Welt in zwei Lager gespalten ist, von denen das eine der Gymnasial-, das andere der Realschulbildung den Vorzug giebt. Ein Physiker wird zur allgemeinen Bildung rechnen, dass jemand genau eine Lokomotive erklären könne, ein Philologe wird dagegen mit Recht Jemanden ungebildet nennen, der nicht weiss, wer Athene war oder Hermes oder etwas ähnliches. Es ist an und für sich schon seltsam und ein Widerspruch in sich, dass die allgemeine Bildung von heute sehr entgegenstehenden Definitionen unterliegt, wobei man daran erinnern kann, dass das grösste Kulturvolk der Welt für Alle stets die gleichen Anforderungen einer allgemeinen Bildung gestellt hat, und zwar in der historischen Zeit Lesen und Schreiben, Musik, Poesie, und später noch Rhetorik.*) Jener berühmte medizinische Pro-

---

*) Der Verfasser der oben erwähnten Besprechung in Zeitschrift f. höh. Unterr. sagt: „Es wäre durchaus nicht im Sinne der Griechen gewesen, den Schwerpunkt der Erziehung in die Kenntnis alter, längst vergangener Zeiten und in das Studium fremder, abgestorbener Sprachen zu legen". Weiss der Verfasser wirklich nicht, wie viele Jahrhunderte die Homerischen Gesänge die Fibel des griechischen Knaben gebildet haben, trotzdem deren Sprache in der historischen Zeit fast unverständlich geworden war?

fessor zählt zur allgemeinen Bildung „eine ausreichende Kenntnis der neueren Sprachen, namentlich des Englischen und des Französischen, dazu eine genügende Beherrschung der eignen Muttersprache, eine Fülle von auf Anschauung gegründeten naturwissenschaftlichen und geographischen Kenntnissen". Man wird staunend finden, dass Geschichte, Philosophie, Altertumskunde (doch von jedem wenigstens ein Atom) in dieser Aufzählung fehlen. Freilich kommt es heute vor, dass medizinische Professoren behaupten, Oedipus sei ein griechischer Held vor Troja gewesen, und wenn wir zehn Jahre weiter fortgeschritten sind, so wird ein Chemiker die Helena für die Geliebte des Perikles halten und Aspasia für die Gattin des Odysseus: das gehört denn aber nach der Ansicht der Naturforscher noch weniger zur allgemeinen Bildung, wie heute. Wir möchten aber doch die These verteidigen, dass, so lange die Altertumswissenschaft die Grundlage unsrer Erziehung und Kultur bildet, stets ein gewisses, wenn auch geringes, Mass von Kenntnissen daraus von jedem gebildeten Mann gefordert werden wird, und wenn sich gelegentlich eine unerhörte Ignoranz offenbart, bei einem in ansehnlicher Stellung Befindlichen, der einen andern Bildungsgang durchgemacht hat, so werden die wirklich Gebildeten der Gesellschaft mit Recht mitleidig die Achseln zucken, wie dies täglich beobachtet werden kann. Ein chemischer Professor beispielsweise, der früher Apotheker gewesen ist, wird stets unter klassisch gebildeten Kollegen eine etwas komische Rolle spielen, weil ihm gerade selbst das kleinste Mass der allgemeinen Bildung fehlt, das wir heute noch vorauszusetzen pflegen, denn solche Beispiele, wie jener berühmte Botaniker (Hofmeister), der früher Buchhändler war, aber eine ganz ausserordentlich grosse und vielseitige Bildung besass, gehören zu den Seltenheiten.

II.

Indem wir nun zu den Mitteln übergehen, durch welche dem verderblichen und in seinen zerstörenden Folgen auf Unterricht und Erziehung noch niemals scharf genug gezeichneten Materialismus gesteuert werden kann, erhebt sich gleich als erste Frage, ob es überhaupt ein Mittel gäbe, durch welches dieser Erscheinung, die mit dem herrschenden Zeitgeist in engstem Zusammenhang steht, mit Erfolg entgegengetreten werden könnte. Bisher war freilich wenig von solchen Mitteln zu sehen. Die liberalisierende Regierung Preussens unter Falk hat sogar dieser Richtung durch zeitweise Anerkennung der Bewegung und durch angestellte Enquêten bei den medizinischen Fakultäten Deutschlands Vorschub geleistet und die Unruhe nur vermehren helfen, ja sie gleichsam offiziell gemacht. Im allgemeinen ist nicht das geringste geschehen, um den Niedergang des Klassizismus, zu dessen Wirkungen stets der Idealismus gehört hat, aufzuhalten. Und doch scheint dies das erste zu sein, was geschehen muss, wenn man dem Materialismus wirksam entgegentreten will. Wir sind nun nicht so thöricht, dass wir den naturwissenschaftlichen und medizinischen Leistungen und Bestrebungen in den Weg treten wollen oder dass wir gar sie gering zu schätzen die Absicht hätten. Das wäre reaktionär und monströs, denn es hiesse die Zeitströmung verkennen, gegen die nicht anzukämpfen ist, und Leistungen negieren, die vorhanden sind. Die Aufgabe kann nur sein, den Klassizismus zu schützen, dass er nicht mehr und mehr seine Wirkung verliere und vor der Zeit aus Mangel an Unterstützung zu grunde gehe. Dies kann aber nur nach zwei Gesichtspunkten hin geschehen, und beide im Auge zu behalten, ist Sache der deutschen Regierungen. Der eine betrifft den **Unterricht**, der andere die **Examina**. Die allgemeine Bildung erfordert, wie mit Recht hervorgehoben ist, einen fehlerfreien Gebrauch der **deutschen Sprache**, der in den letzten Jahren sehr viel zu wünschen übrig liess. Es muss demgemäss in allen höheren Schulen auf den deutschen Unterricht das grösste Gewicht gelegt werden, natürlich mit vollständiger Ausschliessung des Alt- und Mittelhochdeutschen, jenes vollständig überflüssigen und gewöhnlich um so weniger bildungsfähigen Materials, je weniger die einzelnen Lehrer davon zu verstehen pflegen. Also Stil und gute Lektüre, Durchnahme vollendeter Prosawerke, Übungen in freien Vorträgen (die besonders auf vielen Gymnasien ganz ungenügend vorgenommen werden).

müssen die Forderungen des deutschen Gymnasialunterrichtes bleiben. Auch hier gestehen wir zu, dass namentlich in Preussen in der allerletzten Zeit wieder ein bedeutender Aufschwung in dieser Beziehung stattgefunden hat, während der Süden Deutschlands, wie fast in allen heutigen Unterrichtsfragen, noch sehr zurück ist und für den deutschen Unterricht fast gar nichts thut, ja nicht wenige süddeutsche Pädagogen der Ansicht sind, dass Deutsch auch im Anhang zum lateinischen Unterricht gelehrt werden könne.

Selbstverständlich sollen Mathematik und Naturwissenschaften auf dem Gymnasium in keiner Weise vernachlässigt werden, ja die letzteren müssen sogar neben der Geographie entschieden gehoben werden,*) da die Unwissenheit in Botanik und Zoologie auf dem Gymnasium stupende zu sein pflegt. Wenn es dann zur Notwendigkeit wird, einige Stunden aus dem Lehrplan zu streichen, so thue man es dort, wo es längst von den angesehensten und einsichtigsten Männern für zweckmässig gehalten wird. Man erspare in den oberen Klassen 1—2 lateinische Stunden, indem man ein genügendes Gewicht

---

*) Wenn freilich Mediziner bisweilen über den mathematischen Unterricht auf den Gymnasien schreien, so darf man getrost behaupten, dass dieser Unterricht über sphärische Trigonometrie und Kegelschnitte nicht hinausgehen darf. Oder will man etwa Differential- und Integralrechnung einführen? Übrigens wäre es ausserordentlich nützlich für das mathematisch-naturwissenschaftliche Fach, für bessere Pädagogen an den Gymnasien zu sorgen, da über deren Qualität fast ausnahmslos in allen Gegenden Deutschlands geklagt wird. Ausgenommen scheint allein — Ostpreussen zu sein, wo teils die alte mathematische Schule (Neumann, Richelot), teils ein vorzügliches Seminar sehr günstig gewirkt haben.

auf die formelle Ausbildung im Lateinischschreiben und auf griechische Exerzitien legt (vor allen Dingen fasse man endlich einmal Mut, den pädagogisch ganz überflüssigen lateinischen Aufsatz herauszuwerfen und die zeitraubenden Extemporales abzuschaffen) und erspare besonders in Religion. Denn wenn die Knaben eingesegnet sind (was gewöhnlich in Untersekunda der Fall ist), sieht man keinen Grund ein, warum Jahr aus Jahr ein auf den obersten Klassen des Gymnasiums dieselben Sprüche, Lieder und Katechismusverse auswendig gelernt werden sollen, womit doch fast überall die Hauptzeit dieses Unterrichts ausgefüllt wird, während nur ganz geringe Zeit andern Gegenständen, z. B. der Lektüre des griechischen Testaments, gewidmet wird. Es ist ausserdem eine allbekannte Erscheinung, dass fast überall der Religionsunterricht in der Prima die Gläubigkeit und Kirchlichkeit untergraben hilft, statt sie zu fördern. Statt der zwei oder drei Stunden Religion würden z. B. eine Stunde Ethik im Sommer und Kirchengeschichte im Winter vollständig genügen, da doch auch das Lesen des neuen Testamentes in schlechter griechischer Sprache kaum einen vernünftigen pädagogischen Zweck erfüllen kann. Wenn nur die Regierungen, Schulkollegien und Schulmonarchen wollten, so würde schon mit Leichtigkeit für die neuen Bedürfnisse Zeit zu gewinnen sein, wobei alle Teile befriedigt werden könnten. Aber man will dort nicht anfassen, wo die gesunde Vernunft zunächst anzufassen rät.

Was aber die Philologie selbst anbetrifft, so

sollten die Regierungen in den oberen Klassen nur solche Lehrer dulden, welche wirklich philologisch gebildet sind, Lust und Liebe zu ihrer Wissenschaft haben und den Schülern Interesse für das klassische Altertum beizubringen vermögen, was heute, wie erwähnt, keineswegs auch nur in der Hälfte der Fälle zu geschehen pflegt.

Ein fundamentaler Fehler des heutigen Unterrichts auf den Gymnasien besteht aber in der abstrahierenden Methode, die auf Konkretes zu wenig Gewicht legt und sich des Mittels der Anschauung zu wenig bedient.*) Wie in dem mathematischen Unterricht die Knaben fast niemals ein körperliches Dreieck zu sehen bekommen, auch niemals den realen Zustand einer Kongruenz zweier Dreiecke kennen lernen, sondern ganz mechanisch und ohne eine deutliche Vorstellung von dieser Kongruenz sprechen, wie man Jahrzehnte hindurch in den oberen Klassen Physik getrieben hat mit Auswendiglernen von Paragraphen und ohne die notwendigen Experimente und ohne die sichtbaren Erscheinungen und Wirkungen der von den Schülern gelernten Lehrsätze zu sehen, und wie niemals früher die Schüler einen körperlichen Kegel (bei den Kegelschnitten) zur Ansicht bekamen, so wird den Schülern auch bei der Durchnahme des Lessingschen Laokoon niemals die Laokoongruppe selbst gezeigt, wodurch sie mittels der Anschauung ein ganz andres Verständnis der prinzipi-

---

*) Dies ist von Prof. Esmarch richtig hervorgehoben.

ellen Fragen erhalten würden. Auch irgend einen Götterkopf des griechischen Altertums bekommt ein Schüler niemals zu sehen, so dass, wenn nachher die Studenten mancher Fakultäten gar keine Zeit mehr zur Gewinnung einer allgemeinen Bildung haben, auch jede allgemeine ästhetische Bildung, ebenso wie die erwähnte Ausbildung in dem schriftlichen Gebrauche der Muttersprache, vollständig verloren geht. Und ein paar kleine Figuren von Gips oder Elfenbeinmasse wären doch heute für jede höhere Unterrichtsanstalt eine Kleinigkeit. Auch dieser Mangel jeder künstlerischen Erziehung ist ein so bedeutender Übelstand, dass eigentlich der Anstoss, den vor kurzem wieder ein Archäologe ersten Rangs*) gegeben hat, nicht hätte nötig sein müssen, um die Regierungen auf diesen fundamentalen Fehler des Gymnasialunterrichtes aufmerksam zu machen. Wer wollte aber darüber zu zweifeln wagen, dass auch das Fehlen jedes künstlerischen Geschmackes, der heute die allgemeine Wirkung einer fehlenden allgemeinen Bildung ist, mit dem Materialismus eng verbrüdert ist? Und wo kann dieser Mangel besser wahrgenommen werden als in unsern grossen Städten und in ihren Theatern, die fast überall der herrschenden Geschmacklosigkeit in betreff der dramatischen Stoffe (z. B. der französischen Ehebruchsdramen) und des szenischen Aufwandes (wie

---

*) Vgl. Archäologie und Anschauung von Heinrich v. Brunn, München 1885; dazu Grenzboten 1886, Heft 4 s. 173 ff.

in den grossen Ballets) ihren Tribut zahlen müssen? Ganz besonders aber auch in der Anbetung gewisser Autoren, wie Ebers u. a., die auf ein ruhiges, vernünftiges und zum Geschmack herangezogenes Publikum keinen so gewaltigen Eindruck machen könnten? Man darf aber niemals bei einer Reformierung des Unterrichts vergessen, dass die alten Sprachen Jahrhunderte hindurch den schlagenden Beweis ihrer kulturellen Bildungsfähigkeit gegeben haben, was von den Naturwissenschaften, da sie erst kurze Zeit im Lehrplan sind, vorläufig nicht gesagt werden kann, so dass jede prinzipielle Veränderung der Bildungsgrundlage ein Experiment ist, bei welchem die höchsten Güter der Nation auf dem Spiele stehen. Denn die antike Litteratur, Kultur und Kunst bleiben für alle Zeiten das Ewige und Absolute, während die Errungenschaften der Naturwissenschaft, da sie vielleicht in jedem Jahrzehnt überholt werden, zeitlich und relativ sind. Die homerischen Gedichte werden unerreicht dastehen, so lange Menschen auf dieser Erde atmen, und der Parthenon wird bewundert werden, so lange menschliche Augen sehen können. Umgekehrt aber, wenn ein namhafter Chirurg heute behaupten könnte, dass die Wissenschaft der Chirurgie durch die antiseptischen Methoden ihre höchste Vollendung in der Weise erreicht habe, dass etwas Neueres oder Wichtigeres nicht mehr gefunden werden könne, wer sagt uns, dass es nicht einzelnen Zweigen der Naturwissenschaften ebenso gehen kann, was doch auf eine dürftige

Entwicklungs- und demnach auch Bildungsfähigkeit des inneren Keims schliessen liesse. Möge man stets den Satz beherzigen: fiat experimentum in corpore vili.

Die zweite Stufe betrifft den Unterricht auf den Hochschulen. Es steht heute fest, dass zwei Fakultäten gar keine allgemeine Bildung mehr zu geben vermögen, infolge dessen ihre Mitglieder am einseitigsten entwickelt werden: die juristische und die medizinische. Die letzte Möglichkeit zu einer allgemeinen Bildung wurde durch die Zwangsvorlesungen geschaffen, die fast überall (wie es scheint, nur mit Ausnahme von Bayern und Württemberg) abgeschafft sind, so dass die Studenten nicht einmal mehr eine moralische Nötigung zu einer solchen haben. Während nun aber die Mediziner seit der letzten Reform und Modifizierung des tentamen physicum (damals ist Mineralogie fortgefallen; hoffentlich fällt die Botanik auch demnächst) fast nur die Fächer ihrer Wissenschaft studieren, die sie alle für das Leben und ihren Beruf später gebrauchen (vielleicht könnte ein andrer Gesichtspunkt beim tentamen auftauchen), so dass sie eine ausschliesslich praktische, fast könnte man sagen handwerksmässige Ausbildung erhalten, werden die Juristen mit überlebten Stoffen angefüllt, die für die heutige Rechtssprechung völlig wertlos sind, ohne dabei ein Gegengewicht durch eine allgemeinere, mit der Kultur und Geschichte zusammenhängende Bildung zu erhalten. Aus diesem Grunde ist auch eine stete Abnahme juristischer Kapazitäten bemerkbar, so wie eine stete Zunahme von Unklarheit und Zweideutigkeit, ein Mangel an Logik und ausgebildetem Menschenverstand und endlich eine Fülle von mangelhaften Entscheidungen, woran auch die juristischen Professoren Anteil haben. Alles dieses ist freilich auch daraus zu erklären, dass z. B. in Norddeutschland notorisch von den Juristen auf den Hochschulen das eigentliche Studium am meisten vernachlässigt wird, während andre sowohl in ihrer Richtung wie in ihren Urteilsentscheidungen sehr bald ein Strebertum verraten, durch welches sie ihre Carrière gut zu gestalten beabsichtigen. Auf keinem Gebiet der studierten Welt werden so viel Streber gefunden, als gerade bei den Juristen, obwohl diese eigentlich die unabhängigsten, klarsten und vorurteilslosesten Beamten sein sollten. Die Regierung hat aber die Pflicht, für die Herstellung einer allgemeinen Bildung zu sorgen. Denn ein Chirurge, der nur Beine abschneiden kann, oder ein Anatom, der nur Glieder sezieren kann, ist so wenig ein allgemein gebildeter Mensch, wie ein Richter, der nur das Landrecht versteht, oder nur das corpus juris lesen kann, oder ein Philologe, der nur Konjekturen machen kann. Schon jetzt aber muss der Staat ins Auge fassen, dass bei dem Fortschreiten der Wissenschaften doch nicht schliesslich ein Studium, das jetzt schon 4—5 Jahre dauert, schliesslich bis zu zehn Jahren anwachsen kann. Es muss also gleichzeitig auf eine zweckentsprechende Kürzung der Vorlesungen und Examinationsfächer gesehen werden, wie auf die Gewährung einer allgemeineren Bildung. Denn man vergesse nicht, dass jetzt auf einzelnen Hochschulen dieselbe Vorlesung in drei Semestern hintereinander gelesen wird, die vor einigen Dezennien nur ein Semester beanspruchte, andere 5 Stunden wöchentlich erfordern, die früher eine Stunde beanspruchten. Die allgemeine Bildung muss aber in einer Fortsetzung mit dem Schulunterricht bleiben, d. h. sie muss für die realistisch weiter Gehenden vorwiegend durch historische Stoffe einen Ausgleich anbahnen, besonders für die rein praktische Ausbildung der Mediziner, und zwar ausgehend von der alten Geschichte, und auch die neueste mit umfassend, worunter wir auch Kulturgeschichte, Litteraturgeschichte, Archäologie u. ähnl. begreifen. Ob nicht auch noch irgend etwas Neusprachliches hinzukommen soll, diese Frage dürfte wenigstens der Anregung wert sein. In welcher Form nun für das wirkliche Hören gesorgt werden soll, wollen wir hier nicht untersuchen; genug, der Staat soll zunächst diesen beiden Fakultäten, welche zweifellos am meisten zur Verbreitung des Materialismus beitragen, die Möglichkeit einer allgemeineren Bildung in den ersten Semestern gewähren. Er darf aber dabei nicht in den früheren Fehler verfallen, dass einige Vorlesungen über Philosophie für obligatorisch erklärt werden, die weder zur allgemeinen Bildung gehören (denn wer gebraucht die Terminologie der Logik und Metaphysik?), noch überhaupt irgend einen denkbar nützlichen Zweck erreichen.

Umgekehrt aber sollte auch den anderen Fakultäten, welche mehr in historischem Zusammenhang stehen und mit den realistischen Fächern keine Berührungspunkte haben, die Möglichkeit eines allgemein bildenden Kollegs gewährt werden. An manchen Hochschulen wird schon jetzt von Theologen namentlich eine Vorlesung über vergleichende Anatomie gehört, die populär gehalten, auf alle Gebildeten Anziehungskraft ausübt. Ebenso dürften bei dem Anwachsen unserer maritimen Beziehungen und Erwerbungen Vorlesungen über Geographie, klimatische Verhältnisse der Erde u. a. Anziehung finden. Man wird aber sicher auch noch auf andre Kollegien verfallen, durch welche der besonders zum Verknöchern beanlagte Philologe sich mit den Erscheinungen der Gegenwart und der realen Welt befreunden und von seinen transzendentalen Stoffen etwas in die Wirklichkeit zurückgerufen werden kann. Wir geben ausdrücklich zu, dass der Mangel von Jahr zu Jahr fühlbarer wird, dass gerade die klassischen Philologen in den Dingen dieser Welt gar nicht Bescheid wissen, wodurch mit Notwendigkeit eine für Unterricht und Bildung nur befremdende und schädliche Vereinseitigung erzeugt wird. Aber nur der versöhnende Ausgleich wird die heute bestehende Kluft zwischen den einzelnen Klassen der Gebildeten zu überbrücken vermögen.

Die schwersten Fehler aber, die im Kulturleben der letzten Jahre begangen sind, beziehen sich auf die Examina, indem man diese stets zu steigern versucht hat, wodurch, wie erwähnt, fast überall ein ganz ungesundes Studieren, allein auf die Examina hin, entstanden ist. Dadurch sind manche ordentliche Professuren zu reinen Synekuren geworden, wenn ihre Inhaber dauernd in den Kommissionen sitzen, und gewisse Fächer haben eine übertriebene Bedeutung bekommen, während dagegen wichtige andere ganz wertlos geblieben sind. Überall hat das Studium dadurch einen rein banausischen Charakter bekommen, so dass Studien der reinen Wissenschaft wegen heute zu den seltensten Dingen gehören.*) Hier hat nun die Regierung eine doppelte Aufgabe.

Zuerst muss sie die Examina so einrichten, dass das rein wissenschaftliche Element in erhötem Grade darin zur Geltung kommt. Aber mit dieser Einschränkung ist noch wenig geholfen, wenn nicht die Regierungen überhaupt dem wissenschaftlichen Studium wieder eine grössere Bedeutung einräumen, wie es früher allgemein der Fall war. Vor allen Dingen sollte weit mehr, auch von den dirigierenden Professoren, darauf aufmerksam gemacht werden, dass das Studium auf der Hochschule zunächst nicht aufgefasst werden soll als Studium um des Examens willen, sondern um der Sache selbst willen, und dass in einem späteren Staatsexamen diejenigen Studien, die jemand in einem bestimmten Gebiet seiner Wissenschaft getrieben hat, angerechnet werden, zur Ab-

---

*) Sehr richtig urteilt darüber A. Kirchhoff in seiner vielfach genannten und gerühmten Rektoratsrede, Berlin 1883.

schätzung und zur Geltung kommen. Dazu gehört aber wieder, dass alle Kommissionen so zusammengesetzt sein sollten, dass der praktischen und der wissenschaftlichen Seite volle Gerechtigkeit zu teil wird, die eine durch die andre ihren Ersatz und Ausgleich findet. Wenn diese Bedingungen erfüllt werden, so wird auch das Zuströmen von ganz unqualifizierten Elementen aufhören, mit denen heute die Hochschulen überschwemmt werden, und über die an den meisten Universitäten die bittersten Klagen geführt werden. Gerade diese Elemente aber, die bar jeder höheren Regung und jeder idealeren Auffassung des Studiums sind, haben am meisten zur Verallgemeinerung einer materialistischen Richtung beigetragen, und zu ihnen zählen nicht in letzter Linie diejenigen, welche später die Jugend des deutschen Reichs unterrichten und für ideale Anschauungen heranziehen sollen.

Ganz besonders aber sollte auch eine Einrichtung ins Auge gefasst werden, die schon mehrfach im preussischen Abgeordnetenhause zur Sprache gebracht ist, das Mittelexamen, das bisher nur von Medizinern gemacht werden musste. Die unleugbaren Vorteile eines solchen Examens, durch welches bereits nach zwei Jahren Eltern und Professoren genau unterrichtet werden über die Thätigkeit des Studenten in den ersten Semestern, sind so in die Augen springend, die Verweisung der propädeutischen und zur allgemeinen Bildung gehörenden Vorlesungen in diese Periode so zweckmässig und nutzenbringend, dass man sich nur wundern muss, warum dies Examen nicht schon längst für alle Fakultäten eingeführt worden ist. Ausser anderen Vorteilen wird jedenfalls das erreicht werden, dass die Studenten nicht mehr, wie es nicht wenige Juristen thun, sich Jahre lang dem Nichtsthun ergeben können, um dann im letzten Semester sich mit Hilfe einer repetitorischen Schnellpresse zum Examen dressieren zu lassen.

Eine andere Aufgabe fällt der Tagespresse zu, welche leider in Deutschland viel zu sehr geneigt ist, alle Kulturfragen nur im Zusammenhang mit einer politischen Parteirichtung aufzufassen und zu behandeln. So erfahren heute beispielsweise die Universitäts-Verhältnisse, die anerkanntermassen am meisten und dringendsten einer Reform bedürfen, in Blättern von einer gewissen Parteifärbung fast niemals eine kritische Behandlung. Es ist beklagenswert, betonen zu müssen, dass es gerade die Blätter einer gemässigten oder mittleren Richtung sind und die sozusagen die einflussreichsten Abonnenten besitzen, welche vermutlich infolge der Verbindung, in der sie mit akademischen Autoren stehen, sich prinzipiell hüten, diese Frage zu berühren, zumal da sie es gerade sind, welche die grossen Bulletins über die Reisen, das Befinden und glückliche Kuren angesehener Universitätslehrer zu bringen pflegen. Dies gilt in gleicher Weise von Nord- und von Süddeutschland, nur dass die eigentliche Reklamemacherei im Norden viel üblicher ist, als im Süden. Besonders macht sich heute die Reklame für gewisse medizinische Professoren in Wiener und Berliner Blättern in unangenehmer Weise geltend. Andre grössere Zeitungen sind vielleicht durch die Haltung einiger akademischer Parteiführer beeinflusst. Man darf es aussprechen, dass es gerade die Zeitungen der sogenannten national-liberalen Partei sind, die im letzten Dezennium jene auffallende Schwenkung vom linken Flügel des Liberalismus bis zu einer freiwillig gouvernementalen Richtung mit proteushafter Gelenkigkeit durchgemacht haben, in denen leider das ebenso proteushafte Professorentum der Gegenwart mit seiner Unklarheit und Streberhaftigkeit eine Art von Herrschaft ausübt und verhindert, dass derartige Fragen auch im Zusammenhang mit den heutigen akademischen Verhältnissen beleuchtet werden. Dagegen muss mit Anerkennung hervorgehoben werden, dass einzelne konservative Blätter in diesen Fragen unbefangener zu urteilen pflegen. Vorzüglich sollten aber alle grossen Zeitungen Deutschlands es sich zum Gesetz machen, die fundamentalen Fragen über unsre Universitäten, über Gymnasial- und Realschulwesen niemals als eine Parteifrage zu behandeln und dementsprechend nur eine bestimmte Richtung zum Wort kommen zu lassen, sondern stets nach dem Grundsatz „audiatur et altera pars" zu verfahren. Denn alle ehrlichen Kämpfer bemühen sich erst die Wahrheit zu finden, die besonders in den betreffenden Fragen durchaus nicht offen und klar liegt, wie einige Blätter die Welt glauben machen wollen. Denn der Schwerpunkt der ganzen Frage scheint uns nicht der zu sein, ob die Realschulabiturienten nicht auch zum Studium der Medizin zugelassen werden sollten, sondern ob die heutige Realschule mit ihrem Lehrplan überhaupt eine lebensfähige Zukunft besitzt, und ob das heutige Gymnasium nicht dringend einer Reformierung bedarf, welche es mehr mit den Forderungen der Gegenwart und dem herrschenden Zeitgeist in Übereinstimmung zu bringen vermag.

In ähnlicher Weise, wie die Zeitungen, handeln die meisten Zeitschriften und Journale, von denen allein die „Grenzboten", zum Teil auch die „Gegenwart" wiederholentlich mit ebenso grossem Mut, wie mit Unbefangenheit diesen akademischen und Schulverhältnissen ihre Aufmerksamkeit geschenkt haben. Aber man erinnere sich, welcher Sturm, schon entfesselt wurde durch die Klarlegung der Doktorverhältnisse an einzelnen Universitäten, die damals wie heute an manchen deutschen Universitäten oder Fakultäten himmelschreiend sind und vielfach nur als Bereicherungsquelle der schmutzigsten Art behandelt werden. Was würde erst für ein Geschrei entstehen, wenn die Geschichte mancher Berufung oder der Protektion eines Professorensohnes gewissenhaft publiziert werden sollte? Wie viel Männer würden dadurch nicht für immer kompromittiert sein, und wie würde nicht der Menge ein Auge geöffnet werden, über diese im Namen und im Interesse der Wissenschaft vorgenommenen Handlungen, welche zum Nutzen und zum Heile der Fakultät, der Hochschule und des ganzen Staates gereichen sollten. Aber man nenne uns eine deutsche Zeitschrift, welche eine solche Klarlegung, die von berufener und unterrichteter Seite eingeschickt ist, aufnehmen würde. Wir fürchten fast — es giebt keine. Wir kommen endlich zu der Aufgabe, die dem Publikum zugeteilt ist, wenn es ernsthaft der materialistischen Bewegung der Gegenwart entgegentreten will. Zunächst soll es nicht in der Streitfrage der humanistischen oder realen Bildung einen schroffen Parteistandpunkt einnehmen zu müssen glauben, damit nicht noch mehr als jetzt die ganze gebildete Welt Deutschlands in zwei Lager gespalten bleibt, die sich andauernd befehden. Vielmehr muss es weit mehr zur Erkenntnis kommen, dass nicht die Verschärfung des einen Extrems eine Lösung der Frage herbeiführen kann, sondern nur eine glückliche, bisher noch nicht gefundene Vermittlung zwischen beiden Standpunkten, welche ebenso den antiken Bildungselementen gerecht wird, wie von den Naturwissenschaften dasjenige in den Unterrichtsplan hereinzieht, welches der Höhe entsprechend, die diese Wissenschaft heute erreicht hat, als der Minimalsatz angesehen werden muss, den die allgemeine Bildung der Gegenwart verlangt. Nicht im Kampfe wird diese Frage entschieden werden, sondern im Frieden, d. h. im friedlichen Austausch der Ansichten und im gegenseitigen Nachgeben. Zunächst aber sollen die zahlreichen Menschen, welche heute bei jeder litterarischen Regung, die irgend ein missgestimmter und völlig inkompetenter (oftmals durch

Übersehung gereizter).*) Realschuldirektor oder ein realschulbegeisterter Chemiker loslässt, in die Trompete stossen und wieder alle Fahnen zum Angriff vereinigen, einsehen, wie überflüssig und komisch dieses Vorgehen ist. Besonders aber soll man nicht immer wieder das Kriegsgeschrei ausstossen, wenn ein unklarer Professor sehr warm oder leidenschaftlich für die Gleichberechtigung der Realschule eintritt. Man muss immer bedenken, dass einige von diesen nur auf einer sehr untergeordneten Bildungsstufe stehen, während andre durch das Bewusstsein, wie sehr sie von allgemein und klassischer gebildeten Menschen über die Achseln angesehen werden, schon von selbst zum feindlichen Lager übergehen, um ihrem Hass Ausdruck zu geben. Im allgemeinen sind solche Professoren-Deklamationen völlig wertlos, da sie gewöhnlich sehr einseitig sind und eine glänzende Unwissenheit der ihnen entgegenstehenden und von ihnen verworfenen Verhältnisse zur Voraussetzung haben.

Die zweite Pflicht des gebildeten Publikums, welche alle Eltern, Stadtverordneten, Stadträte und sonst entscheidende Persönlichkeiten im Auge behalten müssen, bezieht sich auf ein so schnell als möglich anzufertigendes Schulgesetz, damit die abspannende Unruhe aufhöre, von welcher das Schulwesen seit über zwei Dezennien heimgesucht wird. Da nun aber

---

*) Sehr instruktiv sind z. B. die Bochumer Verhandlungen beleuchtet in den Grenzboten 1886, Heft 4 S. 165 f.

bekanntlich in den Parlamenten wenig Männer sitzen, welche überhaupt über diese Fragen ein massgebendes Urteil haben, so dass von dorther ein vernünftiges und die Zukunft des Staates sicherstellendes Gesetz nicht zu erwarten ist und dies um so weniger, je sicherer auch im Parlament die ganze Frage sofort in eine politische Frage verwandelt werden wird, indem mit ziemlicher Sicherheit die ganze liberale Partei den extrem-realistischen Standpunkt einnehmen wird: so soll man in Anregung bringen, dass eine aus beiden Parteien bestehende Kommission (ohne die Extreme oder Hitzköpfe deshalb verwerten zu müssen), die darin ebenso Direktoren der höheren Schulanstalten, wie Universitätsprofessoren, Mediziner, Philologen und Naturforscher umfassen muss, sich über einen Lehrplan einigen soll, und zwar in der Weise, dass dann die nach dem neuen Plan erzogenen Schüler Juristen, Theologen, Philologen, Mediziner und Mathematiker werden können. Es ist kaum anzunehmen, dass ein so nach sorgsamer Beratung und Erwägung aller einschlagenden Momente zustande gekommener Plan nicht die beste und sicherste Unterlage für jedes Studium bilden und die Gefahr abwenden müsste, welche heute durch eine Vereinseitigung oder den Sieg einer einzigen Richtung die Zukunft unseres Vaterlandes in bedenklichster Weise bedrohen könnte. Aber das Eine steht fest: dieser Plan, mag er die Forderungen in Geographie, Naturwissenschaften und Physik noch so erhöhen, wird das Griechische niemals entbehren können, und wenn er nicht die Forderung enthält, dass der Abiturient, der auf die Universität ziehen will, die homerischen Gedichte im Urtext gelesen und ebenso eine sophokleische Tragödie zu lesen und zu würdigen verstanden hat, dann sind wir — am Anfang vom Ende angelangt. Das Herauswerfen des Griechischen bedeutet die Annullierung unserer Kultur und steht einem Armutszeugnis ebenso gleich, wie einer Selbstentmannung.